上海市工程建设规范

电动自行车集中充电和停放场所设计标准

Design standard for centralized charging and parking places of electric bicycles

DG/TJ 08—2451—2024
J 17528—2024

主编单位：华东建筑设计研究院有限公司
批准部门：上海市住房和城乡建设管理委员会
施行日期：2024 年 10 月 1 日

同济大学出版社

2024　上海

图书在版编目(CIP)数据

电动自行车集中充电和停放场所设计标准 / 华东建筑设计研究院有限公司主编. --上海：同济大学出版社，2024.7. -- ISBN 978-7-5765-1213-7

Ⅰ. U491.8

中国国家版本馆 CIP 数据核字第 2024BU8862 号

电动自行车集中充电和停放场所设计标准
华东建筑设计研究院有限公司　主编

责任编辑　朱　勇
责任校对　徐春莲
封面设计　陈益平

出版发行　同济大学出版社　www.tongjipress.com.cn
　　　　　(地址：上海市四平路1239号　邮编：200092　电话：021-65985622)

经　　销　全国各地新华书店
印　　刷　浦江求真印务有限公司
开　　本　889mm×1194mm　1/32
印　　张　1.5
字　　数　38 000
版　　次　2024年7月第1版
印　　次　2024年7月第1次印刷
书　　号　ISBN 978-7-5765-1213-7
定　　价　20.00元

本书若有印装质量问题，请向本社发行部调换　　版权所有　侵权必究

上海市住房和城乡建设管理委员会文件

沪建标定〔2024〕179号

上海市住房和城乡建设管理委员会关于批准《电动自行车集中充电和停放场所设计标准》为上海市工程建设规范的通知

各有关单位：

　　由华东建筑设计研究院有限公司主编的《电动自行车集中充电和停放场所设计标准》，经我委审核，现批准为上海市工程建设规范，统一编号为 DG/TJ 08—2451—2024，自 2024 年 10 月 1 日起实施。

　　本标准由上海市住房和城乡建设管理委员会负责管理，华东建筑设计研究院有限公司负责解释。

上海市住房和城乡建设管理委员会
2024 年 4 月 11 日

前　言

为贯彻落实《关于开展电动自行车消防安全综合治理工作的通知》(安委办〔2018〕13号)、《上海市非机动车安全管理条例》的要求，进一步加强本市非机动车安全管理，预防和减少火灾安全事故，保障公众生命财产安全，根据上海市住房和城乡建设管理委员会《关于印发〈2022年上海市工程建设规范、建筑标准设计编制计划〉的通知》(沪建标定〔2021〕829号)的要求，由华东建筑设计研究院有限公司任主编单位，会同相关单位共同编制本标准。

本标准的主要内容有：总则；术语；基本规定；总平面布局和平面布置；防火分隔和建筑构造；消防给水和灭火设施；通风和排烟；电气。

各单位及相关人员在本标准执行过程中，如有意见及建议，请反馈至上海市房屋管理局(地址：上海市世博村路300号；邮编：200125)，上海市消防救援总队(地址：上海市中山西路229号；邮编：200051)，上海市住房和城乡建设管理委员会(地址：上海市大沽路100号；邮编：200003；E-mail：shjsbzgl@163.com)，华东建筑设计研究院有限公司(地址：上海市中山南路1799号世博滨江大厦北座；邮编：200011；E-mail：info@ecadi.com)，上海市建筑建材业市场管理总站(地址：上海市小木桥路683号；邮编：200032；E-mail：shgcbz@163.com)，以供今后修订时参考。

主 编 单 位：华东建筑设计研究院有限公司
参 编 单 位：上海市消防救援总队
　　　　　　　应急管理部上海消防研究所
　　　　　　　同济大学城市风险管理研究院
　　　　　　　上海市建设工程勘察设计管理事务中心

建研防火科技有限公司上海分公司
汉海信息技术(上海)有限公司
上海闪汰新能源科技有限公司
铁塔能源有限公司上海分公司
上海维岳自动化科技有限公司

主要起草人： 刘　啸　杨　波　黄　昊　王　薇　王　朔
　　　　　　 张永丰　马　哲　陈杰家　王剑峰　张琼芳
　　　　　　 徐　平　张伟伟　张　洁　曹晓晨　林素红
　　　　　　 何俊霞　孟　岚　宓榕榕　朱昊赜　袁　静
　　　　　　 曹晴烨　朱小彤　张　杰　顾金龙　占旺兵
　　　　　　 周敏莉　汪健君　李宏旭　许　芃　赵华亮
　　　　　　 齐秀生　李祖才　刘其海　吴征栋　唐建文

主要审查人： 章迎尔　徐　凤　寿炜炜　高小平　李　旻
　　　　　　 朱　蕾　黄文强

上海市建筑建材业市场管理总站

目 次

1 总 则 ·· 1
2 术 语 ·· 2
3 基本规定 ·· 4
4 总平面布局和平面布置 ································ 5
   4.1 总平面布局 ······································ 5
   4.2 平面布置 ·· 6
5 防火分隔和建筑构造 ·································· 8
6 消防给水和灭火设施 ·································· 10
7 通风和排烟 ··· 12
   7.1 通风设施 ·· 12
   7.2 排烟设施 ·· 12
8 电 气 ·· 14
   8.1 供配电 ·· 14
   8.2 电气防火 ·· 15
   8.3 充电设施 ·· 15
   8.4 智能化 ·· 16
   8.5 节能环保 ·· 17
本标准用词说明 ··· 18
引用标准名录 ·· 19
条文说明 ··· 21

Contents

1 General provisions 1
2 Terms 2
3 Basic requirements 4
4 General layout and floor plan layout 5
    4.1 General layout 5
    4.2 Floor plan layout 6
5 Fire separation and building construction 8
6 Fire water supply and fire extinguishing facilities 10
7 Ventilation and smoke exhaust 12
    7.1 Ventilation facilities 12
    7.2 Smoke exhaust facilities 12
8 Electric system 14
    8.1 Power supply and distribution 14
    8.2 Electrical fire prevention 15
    8.3 Charging facilities 15
    8.4 Intelligent 16
    8.5 Energy conservation and environmental protection
        17
Explanation of wording in this standard 18
List of quoted standards 19
Explanation of provisions 21

1 总　则

1.0.1 为加强电动自行车集中充电和停放场所的安全,预防和减少火灾危险和危害,使电动自行车集中充电和停放场所建筑设计符合适用、安全、经济、环保、节能等要求,制定本标准。

1.0.2 本标准适用于新建、改建、扩建的电动自行车集中充电和停放场所的建筑设计。

1.0.3 电动自行车集中充电和停放场所的等级应按照停放数量划分为大型、中型和小型,各等级停放场所的停车数应符合表1.0.3的规定。

表1.0.3　电动自行车集中充电和停放场所的等级及停车数

等级	大型	中型	小型
电动自行车数(辆)	>400	201～400	11～200

1.0.4 电动自行车集中充电和停放场所的设计除执行本标准外,尚应符合国家、行业和本市现行有关标准的规定。

2 术 语

2.0.1 电动自行车 electric bicycle

以车载蓄电池作为辅助能源，具有脚踏骑行能力，能实现电助动或电驱动功能的两轮自行车。

2.0.2 电动轮椅车 electric wheelchair

以蓄电池为能源、电子装置控制驱动的动力轮椅车，作为残疾人移动的设备。

2.0.3 充电设施 charging facility

为电动自行车或蓄电池组集中提供电能的相关设施的总称，包括交流充电控制器、充电柜、换电柜和充电插座等。

2.0.4 电动自行车集中充电和停放场所 centralized charging and parking places of electric bicycles

供电动自行车集中停放、充电或同时具备两种使用功能的场所，分为停车场(棚)与停车库。

2.0.5 电动自行车停车场(棚) electric bicycle parking lot (shed)

用于停放电动自行车和安装配套充电设施的露天场地和构筑物。

2.0.6 电动自行车停车库 electric bicycle garage

用于停放电动自行车和在停车库内安装配套充电设施的建筑物。包括地下电动自行车停车库、半地下电动自行车停车库、封闭式地面电动自行车停车库、敞开式地面电动自行车停车库。

2.0.7 地下电动自行车停车库 underground electric bicycle garage

室内地坪面低于室外地坪高度超过该层净高 1/2 的电动自行车停车库。

2.0.8 半地下电动自行车停车库 semi-underground electric bicycle garage

地下室内地坪面与室外地坪面的高度之差大于该层净高 1/3 且不大于 1/2 的电动自行车停车库。

2.0.9 封闭式地面电动自行车停车库 closed ground electric bicycle garage

单独建造的,具有独立完整的建筑主体结构与设备系统及配套充电设施的电动自行车停车库。

2.0.10 敞开式地面电动自行车停车库 open-type ground electric bicycle garage

电动自行车停车的区域的围护部分,敞开面积超过四周外围护总面积的 25%,敞开部分均匀布置在外围护上且其长度不小于围护周长的 50% 的停放电动自行车的建筑物。

3 基本规定

3.0.1 电动自行车车型的外廓尺寸可按表3.0.1的规定取值。

表3.0.1 电动自行车车型外廓尺寸

车型	车辆几何尺寸(m)		
	长度	宽度	高度
电动自行车	2.00	0.80	1.20
电动轮椅车	2.00	1.00	1.20

3.0.2 新建建筑非机动车停车指标中，电动自行车与非电动自行车之比不宜低于4∶1。充电插座数量不宜小于电动自行车总车位数量的50%。

3.0.3 电动自行车停车库设在地面层以外的其他楼层时，宜设置踏步式出入口或坡道式出入口。踏步式出入口推车斜坡的坡度不宜大于20%，中间双向坡道净宽不应小于1.00 m，踏步式出入口总净宽度不应小于2.10 m；坡道式出入口的斜坡坡度不宜大于15%，坡道净宽度不应小于1.80 m。坡道应采取防滑措施，并设置排水设施。

3.0.4 出入口宜采用直线形坡道，当坡道长度超过6.80 m或转换方向时，应设休息平台，平台水平段长度不应小于2.10 m，并应能保持电动自行车推行的连续性。

3.0.5 电动自行车充电设施应符合现行国家标准《电动自行车集中充电设施 第1部分：技术规范》GB/T 42236.1及现行上海市工程建设规范《低压用户配电装置规程》DG/TJ 08—100的相关规定。

4 总平面布局和平面布置

4.1 总平面布局

4.1.1 电动自行车集中充电和停放场所在规划用地的总体布局中应方便存取、安全充电、便于管理维护。

4.1.2 电动自行车集中充电和停放场所与厂房、仓库、民用建筑的防火间距不应小于表4.1.2的规定。

表4.1.2 电动自行车集中充电和停放场所与厂房、仓库、民用建筑的防火间距(m)

名称与耐火等级		甲类厂房 单、多层 一、二级	乙类厂房(仓库)			丙、丁、戊厂房(仓库)			民用建筑			
			单、多层		高层				裙房、单、多层			高层
			一、二级	三级	一、二级	一、二级	三级	四级	一、二级	三级	四级	
电动自行车停车场(棚)		—	12	10	12	13	4	6	8	3.5	6	8	4
电动自行车停车库	一、二级	12	10	12	13	4	6	8	3.5	6	8	4
	三级	14	12	14	15	6	8	10	6	8	10	6

注：与电动自行车停车棚、电动自行车停车库相邻的建筑相邻一面外墙为防火墙，或建筑相邻高出一、二级耐火等级的电动自行车停车棚、电动自行车停车库的屋面15 m及以下范围内的外墙为防火墙时，其防火间距不限。

4.1.3 电动自行车集中充电和停放场所不应与托儿所、幼儿园、老年人照料设施等组合建造，也不应贴邻建造。

4.1.4 室外充电柜、换电柜与相邻建（构）筑物之间的防火间距不应小于2.0m。当充电柜、换电柜相邻建筑外墙2.0m范围内为无门、窗、洞口的防火墙时，充电柜、换电柜与相邻建（构）筑物之间的防火间距不限。

4.1.5 充电柜、换电柜宜在室外场地独立设置。确需设在建筑物内时，应设置在建筑地面层直通室外的场所，并应采用耐火极限不低于2.00h的防火隔墙和1.00h的不燃性楼板与其他部位分隔；墙上确需设置的门、窗，应采用乙级防火门、乙级防火窗。

4.1.6 既有住宅小区新增室外电动自行车集中充电和停放场所确有困难时，可在小区楼栋的山墙、巷尾等适当位置分散布置停放和充电点，电动自行车停放和充电点应有防止火灾烟气蔓延的消防安全措施。

4.2 平面布置

4.2.1 电动自行车停车库出入口应分散设置。中、小型电动自行车停车库，可设置1个直通室外的带坡道的车辆出入口。

4.2.2 当建筑内设置电动自行车停车库时，其设置要求如下：
  1 宜设置在地面层、半地下室或地下一层，不宜设在地下二层，不应设在地下三层及以下。
  2 不应设置在高温、易积水和易燃易爆场所。
  3 不应设置在多尘或有腐蚀气体的场所。

4.2.3 电动轮椅车宜停放在地面层，受条件限制需停放在其他楼层时，应设坡道式出入口或设置机械提升装置，并应满足第4.2.2条的相关规定。

4.2.4 电动自行车的充电插座之间间距不应小于0.8m，电动轮椅车充电插座之间间距不应小于1.0m，电动轮椅车与电动自行车充电插座之间间距不应小于0.9m。

4.2.5 充电设施的安装位置离安全出口应大于 5.0 m。

4.2.6 电动自行车停车库内任一点至最近安全出口的直线距离不应大于 30 m；该场所设置自动喷水灭火系统时，室内任一点至最近安全出口的安全疏散距离可增加 25%。

5 防火分隔和建筑构造

5.0.1 电动自行车集中充电和停放场所设置在建筑物内时,应采用耐火极限不低于2.00h的防火隔墙与其他部分完全分隔,防火隔墙上不宜开设门、窗、洞口;当确需开设时,应设置乙级防火门、乙级防火窗。建筑外墙上、下层开口之间应设置高度不小于1.2m的实体墙或设置挑出宽度不小于1.0m、长度不小于开口宽度的防火挑檐。

5.0.2 新建电动自行车停车库耐火等级不应低于二级。室内电动自行车集中充电和停放场所应独立设置防火分区。地面电动自行车停车库的每个防火分区最大允许建筑面积不应超过2 000 m^2;地下电动自行车库、半地下电动自行车库的每个防火分区最大允许建筑面积不应超过500 m^2。当设有自动灭火设施时,防火分区最大允许面积可增加1.0倍。

5.0.3 电动自行车停车库内的车辆应成组停放,每组长度不应大于20m,每组停车数量不宜超过25辆。组与组之间应设置高度大于或等于1.5m的防火隔墙分隔,隔墙的耐火极限不应低于1.00h。

5.0.4 与建筑贴邻建造的电动自行车停车棚,贴邻部位应为不开设门、窗、洞口的墙体,墙体耐火极限不应低于2.00h。

5.0.5 电动自行车停车棚内的电动自行车充电设施应落地安装或安装在依靠车棚支撑而建的横向支撑物上,敞开部位1.6m范围内不应安装充电插座。

5.0.6 电动自行车停车库内装修材料应采用燃烧性能为A级的材料。

5.0.7 既有住宅小区非机动车库内新增电动自行车集中充电和

停放场所,场所内如设有值班室,值班室应靠外墙设置,并设置直通室外的安全出口。值班室与电动自行车充电和停车区域应采用耐火极限不低于2.00 h的隔墙分隔;确需在隔墙上设置门、窗时,应采用甲级防火门、甲级防火窗。

5.0.8 既有住宅小区新增电动自行车集中充电和停放场所时,不应设置在与内天井连通的架空层内。当确需在与内天井不连通的架空层内设置电动自行车集中充电和停放场所时,应采用耐火极限不低于3.00 h的防火隔墙和1.50 h的不燃性楼板与其他部位分隔,其他防火设计要求应满足本标准的相关规定。

6 消防给水和灭火设施

6.0.1 电动自行车停车库应设置室外消火栓系统。室外消火栓设计流量不应小于表6.0.1的规定。

表6.0.1 电动自行车停车库室外消火栓设计流量

规模	大型	中型	小型
水量(L/s)	20	15	15

6.0.2 电动自行车停车库应设置室内消火栓系统，室内消火栓的布置应满足同一平面有2支消防水枪的2股充实水柱同时到达任何部位的要求。室内消火栓设计流量不应小于表6.0.2的规定。

表6.0.2 电动自行车停车库室内消火栓设计流量

建筑物名称	规模	消火栓设计流量(L/s)	同时使用消防水枪数(支)	每根竖管最小流量(L/s)
电动自行车停车库	中、小型	10	2	10
	大型	20	4	15

6.0.3 电动自行车停车库应设消防软管卷盘或轻便消防水龙，消防软管卷盘和轻便消防水龙应满足下列要求：

1 应保证1股水流能到达室内任何部位，其安装高度应便于取用。

2 消防软管卷盘应配置内径不小于19 mm的消防软管，轻便消防水龙应配置公称直径25 mm有内衬里的消防水带，长度宜为30 m。

3 应配置当量喷嘴直径6 mm的消防水枪。

6.0.4 电动自行车停车库应设置自动喷水灭火系统,火灾危险等级按照中危Ⅱ级进行设计,系统的设计喷水强度不应小于 8.0 L/(min·m^2),作用面积不应小于 160 m^2,持续喷水时间不应低于 1.0 h,最不利点处洒水喷头的工作压力不应低于 0.05 MPa,并应采用快速响应洒水喷头。

6.0.5 电动自行车集中充电和停放场所应配置灭火器。灭火器配置场所的等级应按照中危险级,火灾种类应按照 E 类火灾,并应符合现行国家标准《建筑灭火器配置设计规范》GB 50140 的相关规定。

6.0.6 电动自行车停车场(棚)应按照本标准第 6.0.1 条设置室外消防设施。大、中型电动自行车停车棚应按照本标准第 6.0.1~6.0.5 条相关规定设置消防设施。小型电动自行车停车棚应按照本标准第 6.0.5 条配置灭火器。

6.0.7 既有住宅小区电动自行车停车库应设置室外消火栓,室外消火栓设计流量不应小于本标准第 6.0.1 条的规定。室外消火栓设置受到现场条件限制时,可按照现行上海市工程建设规范《老旧住宅小区消防改造技术标准》DG/TJ 08—2049 的相关规定执行。

6.0.8 既有住宅小区电动自行车停车库应设置室内消火栓,并应符合本标准第 6.0.2 条的有关规定。

6.0.9 电动自行车停车库所在既有建筑仅设有室内消火栓系统的,除设置室内消火栓系统外,同时应设置局部应用自动喷水灭火系统,由室内消火栓系统供水,系统的设计喷水强度不应小于 6.0 L/(min·m^2),作用面积不应小于 160 m^2,持续喷水时间不应低于 0.5 h,最不利点处洒水喷头的工作压力不应低于 0.05 MPa,并应采用快速响应洒水喷头。

6.0.10 既有住宅小区非机动车库内新增电动自行车集中充电和停放场所,当场所无室内水灭火消防系统时,应设置消防软管卷盘、局部应用自动喷水灭火系统或简易喷淋系统。

7 通风和排烟

7.1 通风设施

7.1.1 电动自行车停车库应设置通风设施,可采用自然通风或机械通风。

7.1.2 采用自然通风的电动自行车停车库,自然通风窗(百叶)的有效面积不应小于地面面积的2%。

7.1.3 采用机械通风的电动自行车停车库,其通风系统宜独立设置,且通风换气次数不小于3次/h。

7.2 排烟设施

7.2.1 地下或半地下单个建筑面积超过50 m^2 或总建筑面积超过200 m^2 和地上建筑面积超过100 m^2 的电动自行车停车库应设置排烟设施。

7.2.2 电动自行车停车库的排烟设施包括自然排烟和机械排烟两种方式,排烟设施可结合通风设施进行设计,宜采用自然排烟方式。

7.2.3 电动自行车停车库采用自然排烟时,应符合下列规定:

1 当建筑面积小于等于300 m^2 时,自然排烟窗(口)的有效面积不应小于地面面积的2%。

2 当建筑面积大于300 m^2 时,自然排烟窗(口)的有效面积应根据火灾热释放速率计算确定,有喷淋时热释放速率取值为1 MW,无喷淋时热释放速率取值为2 MW。

3 自然排烟窗(口)应远离主要疏散口且不应朝向建筑的阳台和门窗。

4 自然排烟窗（口）与建筑外墙上、下层开口之间应设置高度不小于 1.2m 的实体墙或挑出宽度不小于 1.0m 且长度不小于开口宽度的防火挑檐。

7.2.4 电动自行车停车库采用机械排烟时，应符合下列规定：

　　1 当建筑面积小于等于 300 m^2 时，其排烟量按 60 $m^3/(h·m^2)$ 计算，且最小排烟量不应小于 15 000 m^3/h。

　　2 当建筑面积大于 300 m^2 时，其排烟量应根据火灾热释放速率计算确定，有喷淋时热释放速率取值为 1 MW，无喷淋时热释放速率取值为 2 MW。

　　3 机械排烟的排出口（百叶）应远离主要疏散口且不应朝向建筑的阳台和门窗。

7.2.5 除地上建筑面积小于 500 m^2 的电动自行车停车库外，设置排烟设施的电动自行车停车库应设置消防补风设施，且自然排烟系统应采用自然补风方式。

7.2.6 电动自行车停车库的防烟分区长边最大允许长度应符合表 7.2.6 的规定。

表 7.2.6　电动自行车停车库防烟分区长边最大允许长度

空间净高 H(m)	长边最大允许长度(m)
$H \leqslant 3.0$	36
$3.0 < H \leqslant 6.0$	60

7.2.7 既有住宅小区改建的电动自行车停车库宜采用自然排烟系统，自然排烟窗（口）的有效面积不小于建筑地面面积的 2%；不满足自然排烟条件的，应设置机械排烟系统，其排烟量应按 60 $m^3/(h·m^2)$ 计算，且取值不小于 15 000 m^3/h。

7.2.8 既有住宅小区改建的电动自行车停车库不具备设置排烟设施的条件时，应采取下列消防加强措施：

　　1 应划分为小于 50 m^2 的防火单元。

　　2 应设置火灾自动报警系统。

8 电 气

8.1 供配电

8.1.1 地下及半地下电动自行车停车库的消防设备、信息系统、安保系统的供电负荷等级应和主体建筑保持一致。独立建造的大、中型封闭式地面电动自行车停车库、敞开式地面电动自行车停车库及电动自行车停车棚，其消防设备、信息系统及安保系统应按二级负荷供电。充电柜、换电柜内的消防装置，应采用独立消防电源，供电时间不少于 60 min。

8.1.2 电动自行车集中充电和停放场所的配电设计应符合现行国家标准《低压配电设计规范》GB 50054 的相关规定，并满足下列要求：

1 配电容量应满足区域内全部负荷的正常用电要求，并应预留 20% 余量。

2 应采用专用回路供电并设置专用电表计量。

3 每个电动自行车充电区域应设置专用配电箱，每个输出回路除应设置过载、短路、过电压保护功能外，还应设置剩余电流保护功能，动作阈值不应超过 30 mA，室外安装的配电箱应设置电涌保护器。

4 配电回路接地制式应为 TN-S 制。

5 每个充电车位应设置 1 个充电插座，充电插座应采用二孔加三孔 10 A 插座，插座应满足现行国家标准《家用和类似用途插头插座 第 1 部分：通用要求》GB/T 2099.1 的要求。

8.1.3 电动自行车集中充电和停放场所的线缆选择及敷设应符合现行国家标准《民用建筑电气设计标准》GB 51348 及《电缆及

光缆燃烧性能分级》GB 31247 的有关规定,且线缆的中性线截面不应小于相线截面。

8.1.4 封闭式地面电动自行车库及敞开式地面电动自行车库的防雷等级按现行国家标准《建筑物防雷设计规范》GB 50057 计算后确定,并采取相应防雷措施。电动自行车集中充电和停放场所内的所有固定金属设备均应可靠接地。

8.1.5 电动自行车停车场(棚)和露天使用的充电设施防水要求应不低于 IP54。

8.2 电气防火

8.2.1 电动自行车停车库应设置应急照明和疏散指示标志。应急照明和疏散指示标志的设置应符合现行国家标准《消防应急照明和疏散指示系统技术标准》GB 51309 的规定。

8.2.2 电动自行车停车库的火灾自动报警系统的设置应符合现行国家标准《建筑设计防火规范》GB 50016 的有关规定,并满足下列要求:

  1 大、中型电动自行车停车库应设置火灾自动报警系统。

  2 小型电动自行车停车库宜设置火灾自动报警系统或独立式感烟火灾报警探测器和手动报警按钮。

  3 报警信号应反馈至消防控制室或有人值守的值班室。

8.2.3 电动自行车集中充电和停放场所应设置电气火灾监控系统,并反馈至消防控制室或有人值守的值班室。

8.2.4 充电区域设置的配电箱及其输入、输出电源管线应安装在不燃材料上,配电箱应设置在充电区外的主出入口附近。

8.3 充电设施

8.3.1 充电柜、换电柜内应设置感烟火灾探测器并具有声光报警功能。

8.3.2 电动自行车充电设施的各项性能应满足现行国家标准《电动自行车集中充电设施 第1部分:技术规范》GB/T 42236.1 的要求,并应具备充电监测、自动断开、输出回路过流及短路保护、输出回路电量监测、刷卡或移动端充电付费、联网等功能。

8.3.3 电动自行车充电设施应预留检修及操作空间,其检修操作面与建(构)筑物之间的距离不小于 0.8 m;落地安装的充电设施应设安装底座,室内不低于 0.1 m,室外不低于 0.2 m。

8.4 智能化

8.4.1 电动自行车集中充电和停放场所应安装 24 h 视频监控系统。视频监控系统应满足下列要求:

 1 每个充电区域应设置视频监控系统,摄像头应覆盖所有充电位置。

 2 图像应能在值班室、控制室等场所实时显示。

 3 图像应具备储存、查询、回放功能。

 4 图像存储时间应不少于 30 d。

8.4.2 大、中型电动自行车集中充电和停放场所宜设置充电设施充电监控系统。监控系统应满足下列要求:

 1 应具备对充电设施进行监测、控制、保护以及数据处理与存储、事故状态下的紧急处理等功能。

 2 数据应能在值班室、控制室等场所实时显示。

 3 应具有与上级监控系统或运营管理系统提供监控数据的通信接口。

 4 数据存储时间应不少于 12 个月。

8.4.3 设有充电监控系统的场所应设监控室,可与安保控制室或值班室合用。

8.5 节能环保

8.5.1 电动自行车集中充电和停放场所一般照明应采用 LED 灯,电动自行车停车场(棚)水平照度不低于 20 lx,电动自行车停车库水平照度不低于 30 lx,并能根据照明需求和建筑使用条件采取分区、分组、按照度或按时段调节的节能控制措施。

8.5.2 充电设施产生的电磁辐射应符合现行国家标准《电磁环境控制限制》GB 8702 的相关规定。

本标准用词说明

1 为便于在执行本标准条文时区别对待,对要求严格程度不同的用词说明如下:

 1) 表示很严格,非这样做不可的用词:

  正面词采用"必须";

  反面词采用"严禁"。

 2) 表示严格,在正常情况下均应这样做的用词:

  正面词采用"应";

  反面词采用"不应"或"不得"。

 3) 表示允许稍有选择,在条件许可时首先应这样做的用词:

  正面词采用"宜";

  反面词采用"不宜"。

 4) 表示有选择,在一定条件下可以这样做的用词,采用"可"。

2 条文中指明应按其他有关标准执行时的写法为"应符合……的规定"或"应按……执行"。

引用标准名录

1 《家用和类似用途插头插座 第 1 部分:通用要求》 GB/T 2099.1
2 《电磁环境控制限制》GB 8702
3 《电动自行车安全技术规范》GB 17761
4 《电缆及光缆燃烧性能分级》GB 31247
5 《电动自行车集中充电设施 第 1 部分:技术规范》 GB/T 42236.1
6 《建筑设计防火规范》GB 50016
7 《低压配电设计规范》GB 50054
8 《建筑物防雷设计规范》GB 50057
9 《自动喷水灭火系统设计规范》GB 50084
10 《建筑灭火器配置设计规范》GB 50140
11 《消防给水及消火栓系统技术规范》GB 50974
12 《消防应急照明和疏散指示系统技术标准》GB 51309
13 《民用建筑电气设计标准》GB 51348
14 《民用建筑通用规范》GB 55031
15 《城市道路照明设计标准》CJJ 45
16 《车库建筑设计规范》JGJ 100
17 《建筑地面工程防滑技术规程》JGJ/T 331
18 《低压用户配电装置规程》DG/TJ 08—100
19 《老旧住宅小区消防改造技术标准》DG/TJ 08—2049

上海市工程建设规范

电动自行车集中充电和停放场所设计标准

DG/TJ 08—2451—2024
J 17528—2024

条文说明

2024　上海

目　次

1 总　则 ………………………………………………… 25
2 术　语 ………………………………………………… 26
3 基本规定 ……………………………………………… 27
4 总平面布局和平面布置 ……………………………… 28
　4.1 总平面布局 ……………………………………… 28
　4.2 平面布置 ………………………………………… 29
5 防火分隔和建筑构造 ………………………………… 30
6 消防给水和灭火设施 ………………………………… 32
7 通风和排烟 …………………………………………… 33
　7.1 通风设施 ………………………………………… 33
　7.2 排烟设施 ………………………………………… 33
8 电　气 ………………………………………………… 36
　8.1 供配电 …………………………………………… 36
　8.2 电气防火 ………………………………………… 36
　8.3 充电设施 ………………………………………… 37
　8.4 智能化 …………………………………………… 37
　8.5 节能环保 ………………………………………… 37

Contents

1 General provisions ········· 25
2 Terms ········· 26
3 Basic requirements ········· 27
4 General layout and floor plan layout ········· 28
   4.1 General layout ········· 28
   4.2 Floor plan layout ········· 29
5 Fire separation and building construction ········· 30
6 Fire water supply and fire extinguishing facilities ········· 32
7 Ventilation and smoke exhaust ········· 33
   7.1 Ventilation facilities ········· 33
   7.2 Smoke exhaust facilities ········· 33
8 Electric system ········· 36
   8.1 Power supply and distribution ········· 36
   8.2 Electrical fire prevention ········· 36
   8.3 Charging facilities ········· 37
   8.4 Intelligent ········· 37
   8.5 Energy conservation and environmental protection ········· 37

1 总 则

1.0.2 在既有建筑的非机动车库里停放电动自行车较为普遍，加装电动自行车充电设施的情况也很多，电动自行车停放在非机动车库的行为及加装充电设施所在场所不涉及建筑设计及建筑改造，为了提高电动自行车停放及充电安全，既有建筑新增充电设施参照本标准执行。

1.0.3 现行行业标准《车库建筑设计规范》JGJ 100 规定了电动自行车与自行车的停车当量的换算系数，电动自行车按照 1.2 的换算当量系数，机动轮椅车按照 1.5 的换算当量系数，《车库建筑设计规范》JGJ 100 规定的大、中、小型非机动车停车场规定的数量，换算成电动自行车数量对应为 400 辆、201 辆～400 辆、11 辆～200 辆。

一般情况下，市场上的多路智能充电设备可供 10 辆电动自行车同时充电。另外，小于等于 10 辆的电动自行车分散停放，火灾危险程度较小。基于此，本标准规定了大于 10 辆电动自行车的充电和停放属于集中充电和停放。

2 术 语

2.0.1 根据现行国家标准《电动自行车安全技术规范》GB 17761 的规定,电动自行车的定义为以车载蓄电池作为辅助能源,具有脚踏骑行能力,能实现电助动/电驱动功能的两轮自行车。

3 基本规定

3.0.2 本条规定了充电插座的设置数量计算标准。

3.0.3 根据现行行业标准《车库建筑设计规范》JGJ 100,踏步式出入口是指中间为人行楼梯两侧为自行车推行坡道或中间为自行车推行坡道两侧为人行楼梯的出入口。坡道式出入口是指只设坡道人车混行的出入口。

电动自行车重量一般在 50 kg~55 kg,推行上下坡较自行车困难,在转弯区域,内侧转弯半径较小,较宽较重的电动自行车转弯困难。电动自行车停车库的踏步式出入口坡道宜设在中部,两侧为踏步,或者选择坡度较缓的坡道式出入口。

根据现行国家标准《民用建筑通用规范》GB 55031 的规定,供日常交通用的公共楼梯的梯段最小净宽应根据建筑物使用特征,按人流股数和每股人流宽度 0.55 m 确定,且不应少于 2 股人流的宽度。电动自行车停车库的踏步式出入口将踏步放在坡道两侧,符合实际使用情况,能同时容纳 2 股推车人流上下坡。

根据现行行业标准《车库建筑设计规范》JGJ 100,自行车坡道宽度按照≥0.35 m 设置,电动自行车比自行车宽 0.20 m,单向坡道宽度按照 0.55 m 计算,中间设置坡道,考虑到电动自行车推行上下交汇时可以倾斜车辆以避让,中间坡道宽度可以按照 1.00 m 考虑。踏步式出入口净宽度不应小于 2.10 m(0.55+1.00+0.55=2.10 m)。

当电动自行车集中充电和停放场所出入口作为消防疏散的安全出口时,应采用踏步式出入口。

非机动车坡道往往没有顶盖或围护,雨雪天地面湿滑,雨后青苔滋生,易造成事故。防滑设计时应符合现行国家标准《建筑地面工程防滑技术规程》JGJ/T 331 的规定,其防滑等级应按水平地面等级提高一级,并应采用防滑条等防滑构造技术措施。

4 总平面布局和平面布置

4.1 总平面布局

4.1.2 根据应急管理部上海消防研究所对电动自行车进行的一系列燃烧测试,可以看出电动自行车在燃烧时,电池内部温度高达1000℃,距电动自行车0.5m处温度上升最为显著。从明火燃起200s左右,电动自行车水平1.0m范围内,温度升高达到600℃,高度1.0m范围内,温度升高达到400℃。

德国保险业协会GDV和德国专业安全协会VDS合作发布的《锂电池防损指南》VDS 3103中,规定对锂电池在没有自动灭火系统保护的任何区域,应提供与其他可燃材料至少2.5m的空间隔离。

根据测试,符合国家标准的电池及电动自行车,使用过程中的安全性能较高。比照一、二级耐火等级建筑间的防火间距6.0m,适量减少防火间距,确定最小防火间距为3.5m,主要为保证消防车通行的最小宽度,对于相邻建筑中存在高层建筑的情况,最小防火间距增加到4.0m。

4.1.3 电动自行车充电和停放时,存在着火的可能,在贴邻或靠近托儿所、幼儿园、老年人照料设施布置时,可能带来较大危害。因此,不应与以上场所组合建造或贴邻布置。

4.1.4 充电柜、换电柜的产品要求、安全要求及安装要求应符合现行国家标准《电动自行车集中充电设施 第1部分:技术规范》GB/T 42236.1的相关规定。

4.1.5 充电柜、换电柜布置在建筑地面时,应布置在有直接对外出口的房间,不应占用大堂、消防疏散通道等,也不应影响消防疏散。

4.1.6 既有住宅小区设置电动自行车集中充电和停放场所,在总体上没有场地留有足够的安全距离。为减少火灾影响,宜在小区楼栋的山墙、巷尾分散设置充电设施。充电设施不应设置在单元出入口处。

4.2 平面布置

4.2.1 根据现行行业标准《车库建筑设计规范》JGJ 100 设置出入口数量,出入口应分散设置。

4.2.2 电动自行车在坡道上推行困难,需要限制推行长度和高度,所以规定不宜设在地下二层及以下。按照现行行业标准《车库建筑设计规范》JGJ 100 的规定,当地下停车层地坪与室外地坪高差大于 7.0 m 时,应设电梯等机械提升设施。地下三层及以下指地下停车层地坪与室外地坪高差大于 7.0 m 的情况。

4.2.6 为停放和推行便利,电动自行车停车库一般不设隔间。参照现行国家标准《建筑设计防火规范》GB 50016 中关于大空间的疏散要求,室内任一点至最近疏散门或安全出口的直接距离不应大于 30 m;当疏散门不能直通室外地面或疏散楼梯间时,应采用长度不大于 10 m 的疏散走道通至最近的安全出口。当该场所设置自动喷水灭火系统时,室内任一点至最近安全出口的安全疏散距离可分别增加 25%。

5 防火分隔和建筑构造

5.0.2 根据现行国家标准《电动自行车集中充电设施 第1部分:技术规范》GB/T 42236.1的规定,室内安装交流充电控制器的防火分区的控制,地下防火分区的最大允许建筑面积不大于500 m²,地面防火分区的最大允许建筑面积不大于2 000 m²。电动自行车停车库本应参照现行国家标准《建筑设计防火规范》GB 50016中规定的单、多层民用建筑的防火分区的最大允许建筑面积2 500 m²,本标准为与国家标准一致,把这个面积适当缩小。

5.0.3 根据应急管理部上海消防研究所对电动自行车进行的燃烧测试,在相邻两车之间采用一定的防火分隔,即使是挂一个防火毯、一个简单轻质隔墙,也能有效地阻止火灾蔓延。这里规定了组与组之间设置耐火分隔,不需要防火隔间。电动自行车停车棚也需设置耐火分隔。

5.0.5 电动自行车在充电过程中,发生着火情况较非充电时多。停车棚敞开部位往往设置绿化或通道。为减少火灾带来的影响,侧面靠近敞开部位的两个车位不设置充电插座。因电动自行车车型长度为2.0 m,敞开式地面车库(棚)进深一般大于2.0 m,所以垂直于停车位的敞开部位满足1.6 m的规定(图1)。

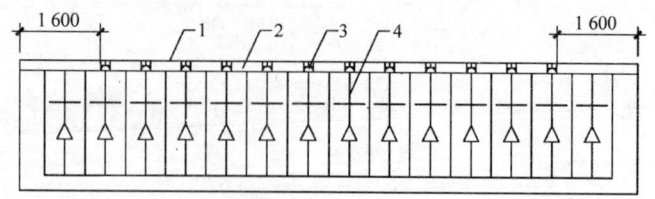

1—停车棚投影;2—安装充电插座横向支撑;3—充电插座;4—电动自行车停车位

图1 不应安装充电插座位置示意(mm)

5.0.6 电动自行车集中充电和停放场所为非采暖空间,与上部采暖空间楼板采用保温分隔,如保温材料设置在电动自行车集中充电和停放场所内,应采用燃烧性能为A级的保温材料。

5.0.7 许多既有住宅小区内的非机动车库内设有值班室,如新增充电设施后,增加了火灾危险性。因此,本条对值班室的位置和构造提出了要求,以减少对值班人员的危害。

新建电动自行车停车库一般不设置值班室。按本标准规定,应设置电气火灾监控系统,并反馈至消防控制室或有人值守的值班室。

5.0.8 既有住宅小区在建筑内设置电动自行车集中充电和停放场所时,应不影响所在建筑的消防安全。根据中华人民共和国应急管理部令发布的《高层民用建筑消防安全管理规定》第三十七条规定,禁止在高层民用建筑公共门厅、疏散走道、楼梯间、安全出口停放电动自行车或者为电动自行车充电。当需要设置在既有建筑内的架空层时,架空层不应连通上部的内天井。电动自行车集中停放和充电区域应采用耐火极限不低于3.00 h的防火隔墙和1.50 h的不燃性楼板与建筑公共门厅、疏散走道、楼梯间、安全出口、内天井完全分隔。当需要进入内天井打扫时,入口的门应采用甲级防火门。

利用建筑首层作为电动自行车集中充电和停放场所时,场所应具有直接对外的安全出口;所在场所与上层建筑的外墙开口之间应设置高度不小于1.2 m的实体墙或设置挑出宽度不小于1.0 m、长度不小于开口宽度的防火挑檐,阻止火灾向上蔓延。

6 消防给水和灭火设施

6.0.1 本条规定了电动自行车停车库的室外消火栓设计流量。根据本标准第3.0.1条中每辆电动车所占面积另外算上正常通道面积,再按照常规3 m高度计算可得,大型车库体积$V>3\,600\text{ m}^3$,中型车库体积为$1\,800\text{ m}^3<V\leqslant3\,600\text{ m}^3$,小型车库体积$V<1\,800\text{ m}^3$。另依据现行国家标准《消防给水及消火栓系统技术规范》GB 50974确定消火栓用水量。

6.0.2 本条规定了电动自行车停车库的室内消火栓设计流量。本条依据现行国家标准《消防给水及消火栓系统技术规范》GB 50974确定消火栓用水量。当电动自行车停车库为附属建筑物时,室内消火栓设计流量按主体建筑不同功能规定的流量计算,并取大值。

6.0.4 本条规定了电动自行车停车库的室内喷淋系统的参数。本条依据现行国家标准《自动喷水灭火系统设计规范》GB 50084的相关规定。另外,根据试验结果,各种类型的电动车在电池内部着火13 min~18 min才会产生明火并释放大量的热,快速响应喷头反应更加灵敏。

6.0.5 当电动自行车着火时,首先需要配置干粉灭火器进行窒息灭火,待火势基本扑灭,为防止复燃,还需要利用消防软管卷盘或轻便消防水龙对电池进行冷却。

6.0.6 按照本标准表1.0.3确定电动自行车停车棚的规模,再确定消防设施设置要求。如条件限制,可适当降低喷水强度及最不利点处洒水喷头的工作压力,以满足控火的要求,降低后喷水强度不应小于$4.0\text{ L}/(\text{min}\cdot\text{m}^2)$,最不利点处洒水喷头的工作压力不应低于0.03 MPa。

7 通风和排烟

7.1 通风设施

7.1.3 采用机械排风的电动自行车停车库,建议利用车道进行自然补风。

7.2 排烟设施

7.2.1 近年来,电动自行车在充电时发生火灾的事故频发,故设置排烟设施很有必要。对于非电动自行车停车库,理论上无可燃物,可不设置排烟设施,但考虑后期停放管理的不可控性,也可能停放电动自行车,故非电动自行车停车库的排烟设计可参考本标准执行。

7.2.2 自然排烟设施的设计可结合自然通风设施一并考虑。

7.2.3 电动自行车停车库的热释放速率由火灾试验确定。经试验,轻便型锂电池电动车的最大热释放速率 HRR1 为 400 kW,轻便型铅酸电池电动车的最大热释放速率 HRR2 为 260 kW,豪华型锂电池电动车的最大热释放速率 HRR3 为 1 000 kW,豪华型铅酸电池电动车的最大热释放速率 HRR4 为 860 kW,具体如图 2～图 5 所示。

因此,本标准将豪华型锂电池电动车的热释放速率作为性能化排烟计算的依据。在有喷淋时火灾热释放速率最大值为 1 MW,无喷淋时火灾热释放速率最大值为 2 MW。同一防火分区的自然排烟窗(口)与主要疏散口的二者边缘最小水平距离不应小于 6 m。

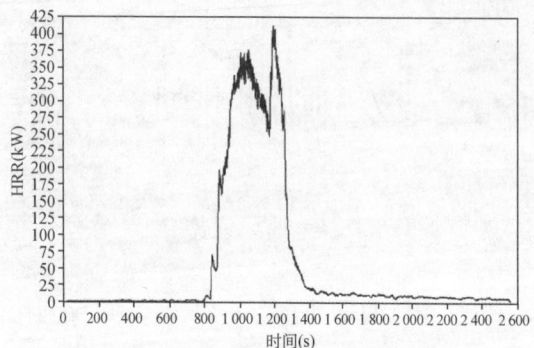

图 2　轻便型锂电池电动车 HRR1

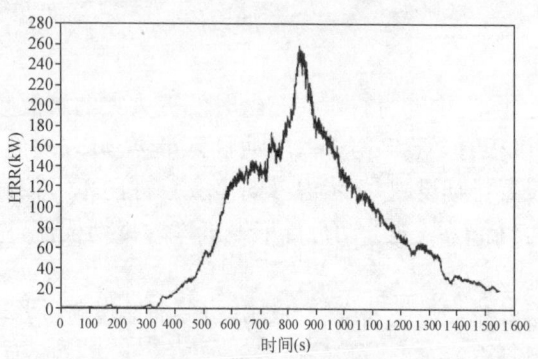

图 3　轻便型铅酸电池电动车 HRR2

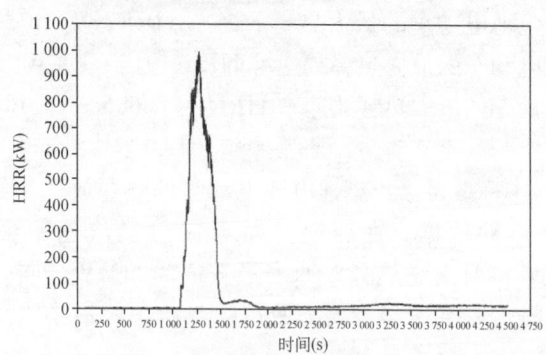

图 4　豪华型锂电池电动车 HRR3

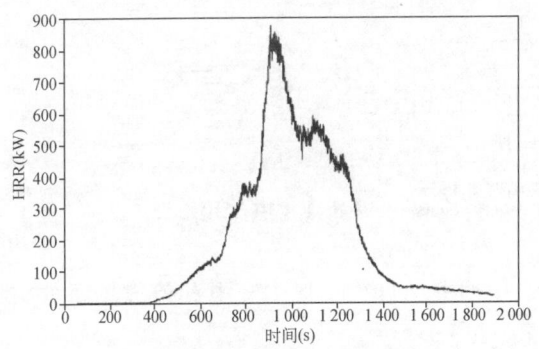

图 5　豪华型铅酸电池电动车 HRR4

第 4 款　当室内设置自动喷水灭火系统时,上、下层开口之间的实体墙高度不应小于 0.8 m;排烟窗(口)与相邻区域开口之间的墙体宽度不应小于 1 m,小于 1 m 时应在开口之间设置凸出外墙不小于 0.6 m 的隔板。

7.2.4　同一防火分区的机械排烟排出口(百叶)与其主要疏散口的二者边缘最小水平距离不应小于 10 m。

7.2.6　电动自行车停车库一般层高较低,布置风管比较困难,因此对其防烟分区长边的最大允许长度作了适当放宽。

7.2.7　上海市已实施的既有住宅小区改建的电动自行车停车库是按照 2019 年实施的《上海市既有住宅小区新增电动自行车停车充电设施建设导则》进行排烟设计的,考虑到标准的延续性,排烟设计可以按本条执行。如有条件,应满足第 7 章其他条文的通风排烟设计要求。既有住宅小区新建的电动自行车停车库应按第 7 章其他条文设计通风排烟设施。

7.2.8　当既有老旧小区的地下电动自行车停车库新增充电设施,且车库的单个单元面积超过 50 m^2 或总建筑面积超过 200 m^2 时,如因改造条件限制,不具有设置机械或自然排烟条件,应采取消防增强措施。

8 电 气

8.1 供配电

8.1.1 大、中型电动自行车集中充电和停放场所分类见本标准第1.0.3条。

本条依据现行国家标准《电动自行车集中充电设施 第1部分:技术规范》GB/T 42236.1的规定,充电柜、换电柜内应安装消防装置,具有火灾探测、声光报警功能,其供电应采用独立消防电源,供电时间不少于60 min。

8.1.2 本条依据现行国家标准《电动自行车集中充电设施 第1部分:技术规范》GB/T 42236.1的规定,交流充电控制器输入、输出电气回路的配电容量按照每个充电插座负荷500 W、需用系数1.0和充电插座数量进行计算;充电柜、换电柜配电容量不低于充电柜或换电柜总功率,按照该区域充电柜设置最高功率及布柜数量进行计算,并预留20%余量。

依据《上海市住宅小区电动自行车停车充电场所建设导则》的要求,电动自行车充电区域配电箱应采用三相进线,箱内每个充电回路不应超过5个充电插座。

充电插座的间距要求见本标准第4.2.4条。

8.2 电气防火

8.2.1 本条根据现行国家标准《电动自行车集中充电设施 第1部分:技术规范》GB/T 42236.1的规定,交流充电控制器安装于室内时应设置应急照明和疏散指示标志。

8.2.2 小型电动自行车停车库没有条件设置火灾自动报警系统的,可采用独立式感烟探测装置。

8.2.3 独立式感烟探测装置信号可接入电气火灾监控系统。

8.3 充电设施

8.3.1 本条依据现行国家标准《电动自行车集中充电设施 第1部分:技术规范》GB/T 42236.1 的相关规定。

8.3.3 为保证人员、设备安全,方便维护,故应留有必要的间距。

8.4 智能化

8.4.2 设置充电监控系统可以进一步保障充电设施正常安全地运行。没有条件满足本条要求的既有小区,可通过开通监控视频接口、数据上传等功能,实现相关部门对视频进行回放的要求。本条第3款中的通信接口可以是有线、无线、局域网、广域网中的任意一种。

8.5 节能环保

8.5.1 综合电动自行车的安全防盗、充电使用以及避免对小区居民夜晚作息的影响,本条参考了行业标准《城市道路照明设计标准》CJJ 45—2006 表 7.1.2 关于次干路机动车道的照度要求,规定了适用的照度。